EXAMEN SOMMAIRE

DES TEXTES, DE LA DOCTRINE ET DE LA JURISPRUDENCE

SUR LE DROIT D'ACCROISSEMENT

EN MATIÈRE DE DISPOSITION TESTAMENTAIRE

POUR

M. Jean-Charles, dit Alfred DORNIER, M. Louis-Philippe DORNIER, Madame MOINE, M. GUILLAUME, M. Adhémar DORNIER, Madame De BEAUNE et Madame BILLARDET, *intimés*

EN PRÉSENCE DE

Madame LÉJÉAS, aussi intimée

EN RÉPONSE AU MÉMOIRE

DE M. Auguste DORNIER, *appelant*

d'un jugement rendu par le **Tribunal civil de Gray**, le **22 mai 1860**.

EXAMEN SOMMAIRE

DES TEXTES, DE LA DOCTRINE ET DE LA JURISPRUDENCE

SUR LE DROIT D'ACCROISSEMENT

EN MATIÈRE DE DISPOSITION TESTAMENTAIRE.

DROIT ROMAIN.

Les jurisconsultes romains distinguaient trois espèces de conjonctions : la conjonction *re tantùm*, la conjonction *re et verbis*, et la conjonction *verbis tantùm*. Il y avait conjonction *verbis tantùm* lorsque le testateur en appelant plusieurs personnes à la même chose, par une même disposition, indiquait la part des colégataires, comme dans l'exemple suivant : *Titio et Seio fundum æquis partibus do, lego.* Ces mots : *æquis partibus* suffisaient pour empêcher que la conjonction ne fût *re et verbis*, et par suite pour mettre obstacle *absolu* au droit d'accroissement.

Loi 11 au Dig. *de usufructu accrescendo* livre VII, titre 2 :
Cum singulis ab hæredibus singulis, ejusdem rei fructus legatur, fructuari *separati videntur, non minùs quam si æquis portionibus* duobus ejusdem rei fructus legatus fuisset : *undè fit, ut inter eos jus accrescendi non sit* (Papinian).

Loi 66 au Dig. *de hæredibus instituendis*, livre XXVIII, titre 5 :
Si ita quis hæredes instituerit : Titius heres esto : Caius et Mœvius *æquis ex partibus hæredes sunto :* quamvis et syllaba conjunctionem faciat, si quis tamen ex his

1

decedat, non *alteri soli* pars adcrescit, *sed et omnibus cohœredibus pro hœredita-*
riis portionibus, quia non tam conjunxisse quam celerius dixisse videatur (Pomponius).

Cependant on crut trouver dans un texte de Paul sur les lois caducaires un cas de conjonction *verbale* donnant lieu au droit d'accroissement.

Loi 89 au Dig. *de Legatis,* livre XXXII, titre 3 :
Re conjuncti videntur, *non* etiam *verbis,* quum duobus separatim eadem res legatur. Item verbis, *non* etiam *re, Titio et Seio fundum* ÆQUIS PARTIBUS *do, lego* :
quoniam semper *partes habent legatarii.* Præfertur igitur omnimodo cæteris, qui
et re et verbis conjunctus est. Quod si re tantum conjunctus sit, constat non esse
potiorem. *Si vero verbis quidem conjunctus sit, re* autem *non,* quæstionis est, an
conjunctus potior sit? *et magis est ut et ipse præferatur.* (Paulus ad Legem Juliam
et Pappiam).

Ainsi ces lois indiquent clairement qu'il y a conjonction *verbis*
tantùm toutes les fois qu'un legs est fait avec indication de parts comme
dans l'exemple : *Titio et Seio fundum œquis partibus do, lego;* et que
dans ce cas, il n'y a pas accroissement. La raison qu'on en donne est
que les légataires ont toujours des parts, *semper partes habent,* c'est-
à-dire que la division de la chose est faite *ab initio* et que les appelés
n'ont de droit qu'à la part assignée.

Pourqu'il y eût accroissement en effet, il fallait que la totalité de la
chose, la vocation à l'universalité fût conférée à chacun des conjoints ;
et que la division de la chose résultât uniquement du fait de leur
concours.

Loi 80 *de Legat :*
Conjunctim hæredes institui ; aut conjunctim legari, hoc est : *totam hæreditatem*
et tota legata singulis data esse, *partes* autem *concursu* fieri.

Cependant, d'après la loi 89 précitée, la conjonction *verbale* produi-
sait un effet sur lequel il y avait difficulté, *quæstionis est :* cet effet

était de *faire préférer* le colégataire ainsi joint, *potior est*. Et cette *préférence* fut longtemps prise pour un *droit d'accroissement*. Quelques auteurs pensèrent alors, et avec raison, que cette dérogation aux principes n'avait été édictée que pour échapper au fisc qui profitait de la caducité en vertu des lois *Julia et Pappia*. Ces lois avaient été reçues avec défaveur, et on avait cherché à les éluder; c'est ce que nous dit Justinien au Code *de caducis tollendis* : « *qui et prudentissimis viris displicuit, multas invenientibus vias per quas caducum non fieret.* » En conséquence ils estimèrent que cette dérogation, n'ayant plus sa raison d'être depuis la révocation par Justinien des lois caducaires, ne devait plus être appliquée. La découverte des Institutes de Caïus est venu jeter une vive lumière sur ce point.

M. DUCAURROY dans son commentaire des Institutes de Justinien, tom. II, pag. 138, s'exprime à cet égard de la manière suivante :

On distinguait encore une troisième classe de colégataires, conjoints seulement par les expressions du testateur qui lègue le même objet par une seule disposition, mais avec indication et attribution de part, par exemple d'une moitié à chaque legataire (*ex æquis partibus*). Il n'en est plus de ce cas comme des deux précédents : ce n'est pas la concurrence qui forcera les colégataires à un partage ultérieur, le testament lui-même les a séparés dès l'origine ; aucun d'eux n'a jamais été appelé à la totalité; chacun d'eux a toujours eu sa fraction, aussi sont-ils conjoints *verbis non etiam re*, ou *verbis tantum*, ou plutôt ils ne sont pas conjoints quant au droit d'accroissement. Dès lors ce droit ne peut pas plus exister entre eux qu'entre deux legataires d'objets différents.

Cependant on a soutenu le contraire d'après un texte de Paul, dont le véritable sens est resté longtemps ignoré. Dans ce texte (89 *de legatis*), qui est tiré d'un commentaire sur les lois Julia et Pappia Poppea, le jurisconsulte examine à quels legataires s'applique la préférence que ces lois ont accordée aux *conjuncti*, et comme cette expression avait dans les lois caducaires le même sens que dans les Institutes de Caius et de Justinien, où l'on ne distingue que deux classes de colégataires, disjoints ou conjoints, Paul écarte d'abord les conjoints *re tantum*, qui en effet sont des colégataires disjoints, puisque le même objet leur est legué *separa-*

tim. Quant aux véritables conjoints qui sont les conjoints de Caius et de Justinien, les conjoints, *re et verbis,* la préférence qu'ils obtiennent est indubitable ; mais à l'égard des conjoints *verbis tantùm,* qui, *semper partes habent,* et qui par conséquent se trouvent dans la position où le legs *per damnationem* mettait primitivement les colégataires conjoints, Paul hésite à leur accorder la préférence dont parlent les lois caducaires, et cependant il la leur accorde comme précédemment on l'avait accordée dans le cas du legs *per damnationem* aux conjoints proprement dits, aux conjoints *re et verbis,* pour lesquels le droit d'accroissement n'existait pas. La même préférence accordée aux conjoints *verbis tantum* ne prouve donc pas que la part de l'un ait jamais accru la part de l'autre.

Aussi les commentateurs du droit romain postérieurs à Justinien enseignèrent-ils toujours les véritables principes, sans distinction.

Cujas, Ed. de Naples, T. 7, p. 996, comment. du tit. *de legatis :*

Verbis tantum conjuncti sunt, quibus eadem res ex partibus conjuncta scriptura legatur, ut Primo et Secundo *ex æquis vel virilibus partibus* fundum lego. Idem, si partes non exprimantur, sed intelligantur, ut in specie 1. 2. de usu accresc. Hi conjuncti ab initio habent partes, non concursu, ideo inter eos non est jus accrescendi. Videntur enim vocari in res diversas, cum singulis pars attribuatur. Ab initio eos partem habere verba indicant, *æquis portionibus.* Id etiam mens testatoris suadet : videtur enim testator *compendium orationis quæsisse potius, quam eos conjungere voluisse ob jus accrescendi.* Igitur illi sunt quidem verbis conjuncti, sed non quod ad jus accrescendi attinet. Illa verba conjunctionis speciem habent, effectum non item. Ergo inter eos non est jus accrescendi, licet per vindicationem legatum sit, semper habent partes, id est, ab initio et in concursu.

Ainsi pour Cujas il y a conjonction *verbis tantùm* dès qu'il y a indication de parts, et il cite comme exemple la disposition suivante : *je lègue à Primus et à Secundus tel fond par portions égales.* Alors, ajoute-t-il, les légataires sont appelés *ab initio* à la part indiquée ; ce n'est pas le concours qui divise la chose, elle l'est déjà par la volonté du testateur. Et dans ce cas, il n'y a pas accroissement. La doctrine de Cujas est absolue et ne comporte pas de distinction.

ANCIEN DROIT FRANÇAIS.

Tels étaient aussi les principes enseignés par nos anciens jurisconsultes, et suivis par le Parlement de Paris.

Henrys, annoté par Bretonnier, tom. III, liv. V. chap. IV, quest. 58 :

Titius lègue ses meubles à deux par égales portions, et pour les partager entre eux comme frères : ce n'est pas qu'ils le fussent, mais il entendait par là marquer l'union et l'égalité qu'il voulait être suivie. L'un des légataires étant décédé avant le testateur, et cinq ans auparavant, il y eut procès après le décès du testateur entre le légataire survivant et l'héritier universel; celui-là prétendant le légat entier des meubles, et que la part de l'autre lui fût accrue, et celui-ci qu'étant demeurée caduque, elle demeurait dans l'hoirie.

Le légataire pouvait dire que si au légat dont il était question, il n'y avait une conjonction réelle, elle y était du moins verbale, et que celle-là suffisait pour établir le droit d'accroissement; qu'il fallait présumer que le testateur n'avait joint les deux légataires, que pour témoigner que l'un au défaut de l'autre eût le tout. Que si bien en ordonnant que ce fût par égale portion, il était censé avoir divisé la chose, ce n'était pourtant qu'en cas de concours; que c'est la disposition formelle de la loi *Si duobus*, § 2, ff *de legatis*, en laquelle le jurisconsulte ayant dit, *si Titio et posthumis legatum sit*, *non nato posthumo*, *totum Titius vindicabit*, il ajoute aussitôt, *sed et si testator Titio et posthumis viriles partes dare voluisset*, *vel etiam id expressisset*, *totum legatum Titio debetur*, *non nato posthumo*; qu'il résulte de là que c'est la même chose que le testateur lègue, sans faire et marquer les parts, ou qu'il les fasse; qu'il faut par conséquent inférer de là que c'est assez que le testateur appelle deux personnes par une seule et même phrase, et dans une conjonction verbale, et quoiqu'elle soit accompagnée d'un terme distributif, et qui marque le partage; qu'en ce cas, le légataire qui survit, peut dire *totum ad se pertinere quasi ab initio sibi solido relicto*, ainsi qu'il est dit, *in leg. 7*, ff *de rebus dubiis*. Qu'en effet Bartole et les autres interprètes tiennent que pour établir le droit d'accroissement entre les légataires, il suffit qu'il y ait une conjonction verbale, *et Grassus in § jus accrescendi, quæst.* 7, *et sequentibus*, assure que c'est l'opinion commune.

Au contraire l'héritier pouvait dire que, comme on établit trois sortes de conjonctions, celle qui est aussi bien pour la chose que pour les paroles, ou celle qui ne regarde que la locution, ou qui n'est que pour la chose, aussi ce n'est que la première qui donne l'accroissement; qu'il faut être joint *re et verbis* pour prendre la part du prédécédé; et que quand on voudrait établir qu'une des deux conjonctions suffirait, ce serait plutôt la conjonction réelle que la conjonction verbale : c'est parce que le droit d'accroissement n'a jamais lieu entre ceux qui dès le commencement ont ou bien sont censés avoir leurs portions distinctes, mais seulement entre ceux qui les peuvent avoir par concours; que c'est ainsi que le décide le jurisconsulte, *in* l. 3, ff *de usufrutu accrescendo*, en ces termes : *toties jus accrescendi esse, quoties in duobus qui in solidum habuerunt concursu divisus est.*

Or, qu'au légat de question, il n'y eût qu'une conjonction verbale, c'est chose que l'on ne pouvait disputer, d'autant qu'il est certain que le légat étant fait par un terme distributif, il n'y a point de conjonction réelle, et que la chose est censée divisée. Comme quand le testateur a dit : *ex æquis partibus, leg. hujusmodi,* § *quibus ità,* ff *de legat. leg. re conjuncti, leg. si duobus, leg. plane,* § *si junctim* au même titre. Qu'en ce cas c'est la même chose que si le testateur avait dit, qu'il léguait une moitié à l'un, et l'autre moitié à l'autre; qu'ainsi chacun ayant, ou étant censé avoir sa portion séparée, ils n'ont rien de commun ensemble, quoiqu'une même phrase les enveloppe, plutôt pour abréger que pour les conjoindre; que pour mieux établir la décision, il fallait recourir au texte le plus formel que nous ayons pour cette matière, savoir la loi *Re conjuncti,* § *de legat.* 3 : car en icelle le jurisconsulte dit nettement, que *si Titio et Mævio ex æquis portionibus legetur, verbis non etiam re conjuncti sunt;* il en rend cette raison, *quoniam semper partes habent legatarii.* Qu'enfin, pour faire qu'un légat soit censé fait à deux *conjunctim, necesse est tota legata singulis data esse, partes autem concursu fieri, leg. conjunctim,* ff *de legat.* 3.

Qu'il est vrai qu'au paragraphe de la loi *si duobus,* ff *de legat.*, Pomponius semble décider le contraire; mais que c'est un cas singulier qu'on ne peut tirer à conséquence : que c'est parce que le légat étant fait *Titio et posthumis*, il n'est censé fait que sous condition, *si posthumi nascantur*, et c'est pourquoi n'étant né aucun posthume, cette considération fait que l'expression des portions est censée pour non faite. Que d'ailleurs étant incertain s'il ne naîtra qu'un posthume, ou s'il y en aura plusieurs, les portions ne peuvent être réglées, ni par conséquent distinctes, et non plus pour Titius, que pour les posthumes et selon le nombre des têtes, *leg. de legat. præst.* Il faut inférer de là, que jusqu'à la naissance des posthumes, on ne peut pas dire ce que le testateur a légué à Titius et qu'elle a été sa virile; et par conséquent que celui qui n'a pas eu de part, n'étant né aucun posthume, doit avoir tout le légat. Que c'est ainsi que le docte Antonius Faber, concilie la dite loi *Si duobus*, avec les autres lois, ou plutôt Pomponius avec lui-même, parce qu'en effet au commencement de la même loi il décide le contraire.

Par arrêt donné à l'audience du 11 juillet 1647, les parties furent mises hors de Cour et de procès sur la demande du légataire. Lors de la plaidoirie, M. l'avocat général Bignon remarqua, qu'à présent le droit d'accroissement n'a lieu que *inter conjunctos re et verbis*, et que s'il est dit en quelques endroits, *verbis præferri re conjunctis*, c'était à cause des lois Julia, et Pappia Poppea, qui en faveur du fisc établissaient la caducité, et qui depuis furent abrogées au titre du Code *de caducis tollendis*.

Auparavant, et en haine de ces lois qui étaient odieuses, le droit d'accroissement était étendu et mieux reçu, *viris prudentissimis invenientibus viam per quam caducum non fieret;* mais depuis, Justinien ayant jugé à propos et convenable à sa grandeur d'abolir ce droit fiscal, *ut quod belli calamitas introduxerat, pacis lenitas saperet*, le droit d'accroissement ne fut pas si favorable, et ce même empereur a voulu qu'il n'eût lieu qu'entre colégataires, qui dès le commencement n'ont point de part, et n'en peuvent faire qu'autant qu'elles concourent, *qui per concursum tantum partes faciunt, et potius jure non decrescendi, quam jure accrescendi* retiennent le tout, l'un d'eux venant à manquer.

Il est vrai qu'en l'espèce proposée, ces mots, *pour partager comme frères*, pouvaient faire naître quelques doutes, et l'on pouvait dire comme les frères succèdent conjointement, et l'un à l'autre, le testateur avait entendu que les légataires fussent joints de la même sorte ; mais pourtant il est aisé de juger le contraire, parce que partager comme frères, c'est partager justement et également, et sans aucun avantage, en un mot, *ex æquis portionibus*.

C'est ce que le testateur avait voulu dire, et ces mots divisaient plutôt les personnes, qu'ils n'en faisaient une conjonction.

Bᴙᴇᴛᴏɴɴɪᴇʀ, commentateur de Henrys ajoute que : depuis, il est intervenu un autre arrêt en la cinquième chambre des enquêtes, au rapport de M. Sevin, le 12 juillet 1686, qui a jugé la même chose.

— 8 —

Ces principes enseignés par Cujas et Henrys, consacrés par le parlement de Paris, sont adoptés par POTHIER , *Traité des donations testamentaires*, ch. 6, sect. 5, § 4.

Pour que les conjoints de ces deux différentes espèces soient véritablement conjoints et puissent être légataires chacun pour le total de la même chose, il faut que le testateur ne leur ait point assigné de parts, ni expressément, ni tacitement dans cette chose.

Que si le testateur a assigné à chacun des légataires, auxquels il a légué la même chose, une part dans cette chose, ces légataires ne sont point proprement colégataires, étant légataires chacun de leur part, et il n'y a pas lieu au droit d'accroissement entre eux.

On doit décider ainsi, quand même ils seraient légataires par une seule et même disposition, par une seule et même phrase et sont ceux qu'on appelle, *conjuncti verbis tantum*, comme lorsqu'on a légué ainsi : *Je lègue à Pierre et à Paul ma maison de la Corne par égales portions.*

Il y a néanmoins quelques interprètes qui ont prétendu qu'il y avait lieu au droit d'accroissement, même entre ces conjoints. Arg. leg. 16, § 2 et fin. ff. de leg. 1. Mais le sentiment contraire, qui est celui de Cujas, est plus conforme aux principes, car le testateur leur ayant assigné des parts dans la chose léguée, ces légataires n'étant légataires que de cette part qui leur a été assignée, il n'y a aucune raison pour qu'il pût y avoir lieu entre eux au droit d'accroissement, à moins qu'ils ne prouvassent par quelques circonstances que le testateur a voulu le leur accorder, ce qui doit se supposer dans l'espèce de la loi opposée ; au reste *sola conjunctio verborum* n'est pas *per se* suffisante pour faire présumer cette volonté dans le testateur, qui a pu les comprendre dans une même phrase, seulement pour abréger le discours *propter sermonis compendium.*

Suivant ces principes, il a été jugé qu'une chose ayant été léguée à deux personnes, avec cette clause, *pour être partagée entre elles*, il n'y avait pas lieu au droit d'accroissement. L'arrêt est rapporté par Soefve, 1, II, 3.

Cependant dès cette époque quelques auteurs avaient introduit dans l'application du principe une distinction que nous verrons renouveler par Toullier, Merlin et Duranton sous le code Napoléon. D'après ces auteurs, si l'indication des parts est dans l'institution même, *putà : je lègue par moitié,* il y a conjonction *verbis tantùm,* conséquemment pas d'accroissement; si, au contraire, l'indication des parts n'est insérée que dans la disposition qui pourvoit à l'exécution du legs, *putà : je lègue telle chose à Primus et à Secundus, pour qu'ils la partagent par moitié,* l'indication des parts n'empêche pas la conjonction d'être réelle et l'accroissement d'avoir lieu.

C'est l'opinion de Furgole, *Traité des testaments,* chap. 9, t. 3 :

La conjonction, dit-il, est considérée comme verbale, *verbis tantùm,* non-seulement dans le cas des exemples que nous avons rapportés, mais encore toutes les fois que les portions sont assignées distinctement à chacun de ceux qui sont appelés; comme s'il est dit : *Je lègue à Titius et à Moevius le fonds Cornélien, savoir : à Titius pour trois quarts, et à Moevius pour un quart,* ou de quelque autre façon que les portions soient distinguées; mais il faut que cette distinction et assignation des portions se trouve dans la disposition ; car il en serait autrement si elle était seulement dans l'exécution. Un exemple fera connaître parfaitement cette distinction selon ma pensée. S'il était dit : je lègue à Titius et à Moevius le fond Cornélien, pour le partager entre eux par égales portions ; dans ce cas la conjonction ne serait pas purement verbale, elle serait *re et verbis,* parceque le partage ne vient qu'après le concours et dans l'exécution, et ne se trouve pas dans la disposition qui renferme *in principio* la destination de la totalité en faveur de chacun des légataires.

Au surplus, Furgole explique au n° 18, qu'il n'y a plus lieu de s'occuper des difficultés soulevées par la décision de Paul ; que Justinien en abrogeant les lois caducaires a créé un droit nouveau :

Aujourd'hui, dit-il, par le droit nouveau, réglé et expliqué dans la loi unique, § 10 et 11, Code *caducis toll.,* on ne connaît que deux sortes de conjonctions capables de produire le droit d'accroissement; savoir, la vraie conjonction *re et verbis,* et celle qui arrive lorsque deux personnes sont appelées à la même libéralité par un discours séparé que la loi appelle disjonction ; c'est-à-dire dans le cas de la conjonction *re tantum,* comme il est expliqué dans le § *si eadem res* 8, *Instit. de legatis ;* et cette loi qui a voulu régler d'une manière plus précise et plus exacte la matière du droit d'accroissement, qu'elle ne l'avait été par les lois antérieures, *latius et cum subtiliori tractatu dirimere,* et trancher par là tous les doutes, n'ayant point parlé de la conjonction verbale, *verbis tantùm*, ni réglé son usage lorsqu'elle pourrait concourir avec les autres conjonctions, il est clair qu'elle l'a entièrement abrogée, et qu'il ne reste plus que la conjonction *re et verbis*, et la conjonction *re tantùm*, qui puissent produire le droit d'accroissement. C'est là le nœud de toutes les difficultés qui ont partagé les esprits de nos docteurs, et qu'ils n'ont pas pu résoudre.

CODE NAPOLÉON.

C'est dans cet état de choses que le code est intervenu. Comme on le voit, la question des conjonctions au point de vue du droit d'accroissement, était à cette époque résolue généralement dans le sens indiqué par la loi 66 *de hær. inst.* Le dissentiment soulevé par le texte de Paul avait disparu ; restait la distinction faite par Furgole, relativement à la place occupée dans la disposition par les expressions relatives à l'attribution des parts. Cette distinction laissait une large place à la controverse : les auteurs du Code se proposèrent de la supprimer par une rédaction qui, nous le reconnaissons, n'a pas donné le résultat attendu, mais qui n'en révèle pas moins en quel sens la loi a été faite, et dans quelles limites elle doit être interprétée.

En présentant le projet de loi au Tribunal, Jaubert s'exprime ainsi (Fenet, tom. XII, p. 6, II) :

Toute l'ancienne théorie du droit d'accroissement, se trouve très-clairement réduite dans deux articles.

Ces articles (120 et 121 du projet), qui deviendront les art. 1044 et 1045 du Code, ne sont l'objet d'aucune discussion. On lit seulement dans le discours de Favart au Corps législatif (Fenet, tom. XII, p. 642) :

Le droit d'accroissement avait donné naissance à des difficultés sans nombre. On trouve dans les auteurs soit du droit écrit, soit du droit coutumier, des discussions subtiles plus propres à égarer qu'à éclairer sur un point de droit qui paraissait inextricable. Le projet fait cesser toute controverse par la manière de PRÉCISER *les cas dans lesquels il y aura lieu à un accroissement* au profit des légataires.

Ainsi le législateur a voulu faire cesser les divergences et PRÉCISER les cas. Il n'est donc point vrai de dire que l'art. 1044 est simplement démonstratif.

M. Malleville, sous l'art. 1044, et M. Favart dans son Commentaire des Successions tom. II, p. 413, confirmant ce qui précède, ont expliqué la loi nouvelle dans les termes mêmes de Pothier sur le droit précédent.

M. PROUDHON, dans son *Traité de l'usufruit,* t. II, n° 704, pose très—nettement les principes :

Mais quel est le sens précis de ces termes de notre article, *lorsque le testateur n'aura pas assigné la part de chacun des légataires dans la chose léguée?*
Un testateur peut dire : *Je lègue la moitié de ma vigne à Pierre et l'autre moitié à Paul;* comme il pourrait dire : *Je lègue un tiers de ma maison à Pierre, un autre tiers à Paul, et un troisième à Jacques ;* ou bien : *je lègue ma maison à Pierre et à Paul, savoir à Pierre l'appartement du haut, et à Paul celui du rez-de-chaussée.* Les dernières expressions de l'article précité ne doivent-elles être appliquées qu'à des legs reçus sous cette forme? ou, en d'autres termes pour qu'il y ait véritablement assignation de parts, faut-il qu'il y ait altérité de portions assignées l'une à l'un et l'autre à l'autre?
Il est évident que ce n'est point dans un sens aussi restrictif qu'on doit entendre cette disposition de la loi ; et cela par plusieurs raisons.
1° Il ne s'agit, dans cette disposition, que du fait de la désignation des parts, et non de la manière dont elles doivent être assignées : quel que soit le mode, peu importe, puisque la loi ne s'attache qu'au fait.
2° La loi suppose qu'on ait légué la même chose à plusieurs, elle suppose par conséquent, qu'il y ait au moins apparence de conjonction réelle ; il faut donc que

la même chose ou les mêmes choses, collectivement prises, soient énoncées comme données à tous : or dans les hypothèses ci-dessus rappelées et autres semblables, où une part serait léguée à l'un, et une autre part à un autre, il n'y aurait pas même apparence de conjonction réelle, et il serait même absurde de dire que la même chose fut léguée à plusieurs ; donc ce n'est pas à ces hypothèses que s'applique la loi.

3° En déclarant qu'il n'y aurait pas accroissement là où il y aurait assignation de parts, les auteurs du Code ont voulu décider quelque chose, ils ont voulu mettre fin aux controverses qui existaient anciennement sur la matière ; or, ils n'auraient rien décidé, ils n'auraient terminé aucune controverse, si ce qu'ils ont dit sur l'assignation de parts des légataires ne devait être entendu que dans l'hypothèse où le testateur aurait distinctement légué une portion à l'un et une autre portion à l'autre ; attendu que jamais personne n'aurait osé prétendre que, dans ce cas, il pût y avoir lieu à accroissement de l'un à l'autre, et que, dans tous les temps, une pareille prétention aurait été universellement regardée comme absurde.

4° Enfin, les auteurs du Code en ont arrêté les dispositions en hommes profondément instruits du langage des lois et de la jurisprudence ; or, dans ce langage qui nous vient du droit romain, on entend par legs fait conjointement à plusieurs avec assignation de parts, celui par lequel le testateur, tout en annonçant qu'il lègue en général la même chose ou les mêmes choses collectivement prises, à tous les légataires réunis ou conjoints par la même disposition, ajoute que c'est par *portions viriles* ou *par égales parts et portions*, comme quand il dit : Je lègue ma maison à Pierre et à Paul par égales portions : *Titio et Seio fundum æquis portionibus, do, lego.* Ce n'est que quand la disposition est conçue dans cette forme, qu'elle présente quelqu'apparence de conjonction ; c'est donc surtout à ce cas et autres semblables que les auteurs du Code ont entendu appliquer ce qu'ils ont dit sur l'assignation de parts, parce que, nous le répétons encore, on ne doit pas leur faire l'injure de penser qu'ils n'aient voulu statuer que sur des hypothèses où il serait absurde de supposer un droit d'accroissement, et dans lesquelles il n'y avait jamais eu de contestation à ce sujet.

Une autre question non moins importante à examiner pour se pénétrer du véritable sens de l'article précité, consiste à savoir si, pour que l'assignation de parts produise son effet et mette obstacle au droit d'accroissement, il soit nécessaire qu'elle soit inscrite par le testateur dans une partie quelconque de la disposition, plutôt que dans l'autre.

Faut-il que la désignation des parts soit au commencement, ou au milieu, ou à la fin de la disposition ? Faut-il qu'elle soit avant ou après l'énonciation de la chose léguée ? Faut-il qu'elle soit avant ou après la nomination des légataires ? Faut-il qu'elle soit plutôt dans la phrase principale, que dans la phrase incidente ou accessoire ? Faut-il qu'elle se trouve dans le dispositif même de la clause ; et suffirait-il qu'on la trouvât dans une clause finale, dans une clause accessoire et explicative de l'exécution que le testateur a entendu qu'on donnât à sa disposition ?

Il ne faut rien de tout cela ; il faut et il suffit qu'il y ait assignation de parts, quelle que soit d'ailleurs la place qu'elle occupe dans la clause ou l'écriture du testament.

Le legs sera fait conjointement, dit la loi ; lorsqu'il le sera par une seule. et même disposition, et que le testateur *n'aura pas assigné* la part de chacun des coléga aires dans la chose léguée ; il faut donc qu'il n'y ait pas d'assignation de parts pour qu'il y ait conjonction : donc, il n'y a pas de conjonction quand il y a assignation de parts, quelle que soit, d'ailleurs, la partie de la clause où cette assignation se trouve énoncée.

La loi ne veut que le fait, sans prescrire aucun mode ; elle ne veut aucune forme, puisqu'elle n'en exige point : il n'est donc permis de faire aucune distinction à ce sujet, puisque la loi n'en fait et n'en comporte aucune. Y a-t-il ou n'y a-t-il pas assignation de parts ? Tout est dans la vérification de ce fait, puisque c'est de son existence ou de son absence que la loi fait uniquement dépendre la question de savoir s'il n'y a pas, ou s'il y a lieu au droit d'accroissement.

Ainsi vouloir que l'assignation de parts soit plutôt au commencement qu'à la fin de la disposition ; vouloir qu'elle soit plutôt dans une phrase principale que dans une phrase accessoire ; vouloir qu'elle soit plutôt avant qu'après la nomination des légataires, ou la désignation de la chose léguée, c'est vouloir ce que la loi ne veut pas : ce n'est pas vouloir appliquer la loi, mais c'est vouloir la faire ; ce n'est pas vouloir se soumettre à la loi, c'est au contraire vouloir se mettre au-dessus d'elle.

GRENIER dans son Traité des donations, n° 350, partage l'opinion de Proudhon et s'exprime ainsi :

Je viens de dire que si le legs était fait *à Pierre et à Jean par portions égales, ou par égalité*, il n'y aurait point lieu à accroissement, et qu'il en était de même dans l'ancienne jurisprudence.

Je crois qu'il n'y a rien de plus vrai que cette proposition, et qu'elle doit toujours être regardée comme certaine, malgré l'arrêt de la Cour de cassation rendu sur cette matière, le 19 octobre 1808, depuis la première édition de cet ouvrage, qui a jugé qu'il y avait lieu à accroissement entre les légataires universels, au préjudice de l'héritier légitime, quoique le testament parût contenir une assignation de part à chacun des légataires. Il est, sans contredit, à propos de connaître cet arrêt. Il est rapporté avec l'espèce, les moyens en détail, et le discours de M. l'avocat général Daniels, dans le recueil de Denevers, en 1808, *page* 557, et dans le Recueil de jurisprudence du Code Napoléon, 7e vol., *pages* 169 *et suivantes*, *et tome* XII, *page* 5 *et suiv.*

Le sieur Laporte fit, le 20 messidor an XII, un testament mystique, dans lequel, après avoir fait quelques legs en faveur des enfants du sieur Dubrana, son héritier présomptif, il ajouta la disposition suivante : « Et au restant de tous mes biens,
» meubles et immeubles, noms, voies, raisons et actions, présents et à venir, *je*
» *fais, nomme, crée et institue pour mes héritiers généraux et universels*, demoi-
» selles Marie-Magdeleine Planté, épouse de Joseph-Godefroi Dessoliés, officier de
» santé ; Antoinette Planté, fille majeure, et le sieur Jean Planté, actuellement
» professeur à Coleyrat, frère et sœurs, mes neveux *pour par eux jouir, faire et*
» *disposer de mon entière hérédité*, après mon décès, *par portions égales*, à leur
» volonté, en payant mes dettes, legs, et œuvres pris : telle je déclare être mon
» intention. » Antoinette Planté, l'une des légataires, mourut avant le testateur.

Après le décès de celui-ci, les deux autres colégataires se firent envoyer en possession de tous les biens qui composaient sa succession.

Le sieur Dubrana, prétendant qu'en sa qualité de seul héritier légitime du sieur Laporte, le legs devenu caduc par le prédécès d'Antoinette Planté, devait lui revenir, s'opposa à ce que les scellés fussent levés hors sa présence, requit qu'il fût fait inventaire, et demanda le partage de la succession entre les légataires et lui.

Le 20 janvier 1806, le tribunal civil d'Agen rendit un jugement, par lequel il débouta le sieur Dubrana de ses prétentions, il ordonna que sur la réquisition des légataires universels, les scellés seraient levés par le juge de paix qui les avait apposés, sans qu'il fût besoin d'y appeler le sieur Dubrana, ni de faire inventaire.

Sur l'appel de ce jugement de la part du sieur Dubrana, il fut infirmé par arrêt de la Cour impériale d'Agen, du 3 mars 1806.

Cet arrêt, ainsi qu'on le voit dans les motifs qu'on ne croit pas devoir rapporter exactement, pour abréger, est fondé principalement sur ce que, « d'après les
» anciennes lois, et leurs commentateurs, et notamment d'après Furgole, ceux à

» qui une même chose avait été léguée par égales portions n'étaient conjoints
» que par les paroles, et l'accroissement n'avait pas lieu entre eux. Le Code Na-
» poléon, est-il toujours dit dans les motifs de l'arrêt, a conservé les dispositions
» de l'ancien droit, en décidant par l'article 1044 que l'accroissement n'a lieu que
» lorsque le legs est fait à plusieurs *conjointement* , et qu'il est fait *conjointement*
» lorsque le testateur *n'a pas assigné la part de chacun des colégataires dans la*
» *chose léguée;* qu'ici le testateur a assigné la part des colégataires, puisqu'il veut
» qu'il partage par *portions égales;* qu'il n'y a donc pas lieu à accroissement. »

Sur le pourvoi en cassation contre cet arrêt, et après une savante discussion de
la part de M. Daniels, qui avait adopté l'opinion émise par la Cour impériale
d'Agen (erreur de M. Grénier), l'arrêt de cette Cour fut cassé.

Les motifs de l'arrêt sont « que les trois frère et sœurs Planté sont, par une
» seule et même disposition, institués héritiers universels de Laporte, pour dis-
» poser de son entière hérédité ; que cette institution conjonctive n'a point été dé-
» naturée ni altérée par l'addition des mots, *pour jouir et disposer de ladite héré-*
» *dité par égales portions;* que cette expression n'annonce, d'aucune manière,
» que le testateur ait fait des parts et ait assigné une quote à chacun des héritiers
» qu'il instituait; mais au contraire, qu'en les instituant tous ses légataires uni-
» versels, il voulait que sa succession fût partagée également entre ceux qui profite-
» raient de l'institution ; d'où il suit, que dans l'espèce, il y a lieu à accroissement,
» et que l'arrêt qui a décidé le contraire est contrevenu à l'article 1044 du Code
» Napoléon. »

La décision portée par cet arrêt, n'aurait pas d'abord été exempte de beaucoup
de difficultés, et nous devons avouer que nous avons été fortement touchés des
motifs plus développés contenus dans l'arrêt de la Cour d'Agen, et dans le discours de M. l'avocat général Daniels; car en décidant, comme l'arrêt de la Cour
de cassation, que quoique le testament contienne une assignation particulière
des parts à chacun des héritiers (et l'institution *par égales portions* a toujours été
considérée comme une assignation de parts), il pouvait néanmoins y avoir lieu à
l'accroissement, selon l'interprétation dont les mots employés dans le testament
pouvaient être susceptibles , il est à craindre que ce soit ramener l'arbitraire qui
embarrassait sur cette matière dans l'ancienne jurisprudence , et fournir matière
aux doutes et aux contestations.

Au surplus, il est bon de connaître et l'espèce et l'arrêt. Il confirme toujours
dans les principes que j'ai exposés, et il ne fait que juger la valeur des termes
particuliers d'une clause.

On doit même faire attention que des termes dans lesquels était conçue la clause dont il s'agissait dans l'arrêt, il pourrait résulter que le disposant n'avait eu l'idée d'une division de l'hérédité, qu'en portant son attention sur ce qui arriverait après son décès, et que son esprit n'était nullement affecté de cette idée de division en aucun autre sens ; car on ne doit pas aisément considérer comme légers des motifs qui ont déterminé une Cour qui renferme autant de lumières.

Mais toujours il est à croire que la Cour de cassation se serait décidée contre l'accroissement, si dans la clause qui lui était soumise, il avait été dit simplement, ainsi que je l'ai déjà supposé, *j'institue Pierre et Jean par portions égales, ou par égalité*. S'il en était autrement il serait impossible de déterminer dans quels cas il y aurait lieu ou non à l'accroissement, lorsqu'il s'agirait d'une assignation de parts par *portions égales ou par égalité*, à moins qu'on ne soutînt que ces termes n'emportent pas une assignation de parts. Mais cette assertion serait contraire à tous les principes reçus jusqu'à présent, et qui paraissent avoir été confirmés, plutôt que changés, par le Code Napoléon.

Tout ce que je viens de dire sur l'accroissement s'applique au cas où la disposition serait conçue sous la forme d'institution d'héritiers comme sous celle de legs. J'ai déjà eu occasion plusieurs fois de dire que toutes nos dispositions testamentaires ne sont pas des legs. Notre législation ne reconnaît point l'institution testamentaire dans le sens dans lequel les Romains l'entendaient.

J'ai dit encore au commencement du chapitre 2 de cette seconde partie, en distinguant les différentes espèces de legs, qu'une institution faite simplement de plusieurs héritiers, ou qu'un legs qui serait fait à plusieurs personnes, et qui porterait sur tous les biens du testateur, ou sur tous ses biens disponibles sans affectation d'aucune portion, ne laisserait pas de devoir être considérée comme legs *universels ;* mais que si la disposition était faite avec indication de portion pour chacun des appelés, égales ou non, alors la disposition serait pour chacun *à titre universel.*

Mais, comme nous l'apprend M. Grenier, malgré les termes de l'art. 1044, contrairement à l'esprit de ses rédacteurs et à la doctrine que nous venons d'analyser les distinctions et les controverses recommencèrent ; la théorie de Furgole fut reprise par les légataires intéressés, et bientôt introduit par la jurisprudence par l'arrêt de 1808.

M. Toullier adopta cette théorie (Tit. 5, p. 545) :

Ces derniers (les légataires conjoints) sont ceux à qui le testateur a légué la même chose par une seule et même disposition, c'est-à-dire par une même phrase ; par exemple : Je lègue à Pierre et à Paul le fonds Cornélien.

L'article 1044 donne indistinctement le droit d'accroissement aux légataires ainsi conjoints, soit que la chose léguée soit ou non susceptible d'être divisée sans détérioration.

Mais ce droit cesse si le testateur, en unissant les légataires dans une seule et même disposition, assigne à chacun d'eux la part qu'il doit avoir dans la chose léguée. Ils sont alors ce qu'on appelle conjoints par les paroles seulement, *conjuncti verbis tantùm.*

Par exemple : Je lègue à Pierre, à Paul et à Jean le fonds Cornélien par égales portions ou par tiers. Chaque légataire n'étant alors donataire que de la portion qui lui a été assignée, n'a aucun droit aux autres portions.

Si le testateur a réuni les légataires dans la même phrase, on présume qu'il ne l'a fait que pour abréger *propter sermonis compendium*, et non pour leur donner le droit de recueillir les portions qui deviendraient caduques.

Cependant il faut bien distinguer si l'assignation des portions se trouve dans la *disposition* même ou seulement dans l'*exécution*. Dans l'exemple ci-dessus proposé : Je lègue à Pierre, à Paul et à Jean le fonds Cornélien par égales portions, la distinction et l'assignation des parts sont dans la disposition même ; elles en font partie, elles en sont inséparables ; ainsi, dans le principe, chacun n'a droit qu'à la portion qui lui reste assignée.

Au contraire, s'il était dit : Je lègue à Paul, Pierre et Jean le fonds Cornélien pour le partager entre eux par égales portions, ils restent conjoints *re et verbis* dans le premier membre de la phrase qui contient la disposition, et qui renferme dans le principe la destination de totalité en faveur de chacun des légataires. Ils n'ont de parts assignées que dans le second membre de phrase, qui est une phrase accessoire unie à la première par la conjonction *pour*, et qui n'est ajoutée que pour déterminer la manière d'exécuter, sans nuire d'ailleurs aux droits donnés dans le premier membre aux légataires, qui n'en ont pas moins le droit d'accroissement sur les parts devenues caduques.

D'après ces principes, la Cour de cassation, par arrêt du 19 octobre 1808, a cassé un arrêt qui avait jugé que le droit d'accroissement n'avait pas lieu dans un testament où le sieur Delaporte avait institué héritiers, par une même disposition, le sieur Planté et ses deux sœurs, pour faire et disposer de son entière hérédité *par portions égales*. Cette distinction, qui peut paraître subtile aux esprits peu attentifs, est néanmoins fondée sur la nature des choses. Il existe une différence sensible et très-réelle entre cette formule : J'institue Paul, Pierre et Jean mes héritiers, chacun pour un tiers, ou chacun pour une égale portion; et cette autre : J'institue Paul, Pierre et Jean mes héritiers, pour partager mes biens par égales portions ou par tiers.

Dans la première, chacun des légataires n'est appelé, dans le principe, que pour un tiers, les parts sont faites dans la disposition.

Dans la seconde, chacun est appelé, dans le principe, pour la totalité; les parts ne sont faites que dans la clause d'exécution : c'est la présence des colégataires qui opère le partage, *concursu partes fiunt.*

L'opinion de Toullier est aussi celle de Merlin, Duranton, Zachariæ.

M. Dalloz dans son répertoire (verbo don. entre vifs et test. n° 4412) résume ainsi la doctrine et la jurisprudence :

Pour que l'assignation des parts mette obstacle à l'accroissement, faut-il qu'elle soit faite au commencement, au milieu, ou à la fin de la disposition, avant ou après l'énonciation de la chose léguée, avant ou après la nomination des légataires, dans la phrase principale ou dans un membre incident, dans la disposition même ou dans une clause relative seulement à l'exécution ? — Suivant plusieurs auteurs, il faut distinguer si l'assignation de parts se trouve dans la disposition même ou seulement dans l'exécution. Ainsi que le testateur dise: je lègue tel fonds à Pierre, à Paul et à Jean *par égales portions*, l'assignation de parts est dans la disposition, elle en fait partie; dès le principe, chacun n'a droit qu'à la part qui lui a été attribuée. Au contraire s'il dit : je lègue à Pierre, Paul et Jean tel fonds, *pour le partager entre eux par égales portions*, ils restent conjoints dans le premier membre de phrase qui contient la disposition; la seconde phrase n'est qu'accessoire, ajoutée pour déterminer le mode d'exécution, sans nuire d'ailleurs aux droits donnés dans le premier membre à chacun des légataires. Cette distinction entre deux clauses en apparence semblables n'est point une subtilité, dit-on dans ce système, elle repose sur la nature des choses. En effet dans la première, chaque légataire n'est appelé, dans le principe, que pour un tiers; dans la seconde, chacun est appelé pour la totalité; les parts ne sont faites que dans la clause d'exécution et par la nécessité de diviser entre les colégataires qui se présentent : *concursu partes fiunt.* La même clause s'appliquerait à une clause additionnelle par laquelle le

testateur ordonnerait que le partage de la chose léguée se ferait inégalement. (V. en
ce sens Merlin, Repert. V° accroissement n° 2 ; Toullier, n° 691 ; Favard, V° Testament, sect. 3, § 3, n° 5 ; MM. Duranton , t. IX, n°ˢ 504 et s. et Troplong n°ˢ 2174
et s.). D'autres auteurs enseignent au contraire, que l'assignation de parts doit toujours empêcher l'accroissement, quel que soit le mode suivant lequel cette assignation ait été faite, et ils repoussent en conséquence la distinction faite par les auteurs
qui viennent d'être cités. Tel est le sentiment surtout de M. Grenier, t. Iᵉʳ, n° 350,
Delvincourt, t. II, note 10, page 90, et Proudhon, Usufruit, n°ˢ 705 et suiv.

M. Dalloz développe ensuite les raisons données par Proudhon à
l'appui de son opinion, et il ajoute :

Entre les deux systèmes qui viennent d'être exposés, c'est le premier qui a obtenu,
et avec raison, l'assentiment de la jurisprudence, laquelle a admis la distinction
faite, quant à l'assignation de parts entre l'institution et l'exécution. Ainsi il a été
jugé d'une part, 1° que lorsqu'un testateur institue deux héritiers *chacun
pour une moitié*, il n'y a pas lieu à accroissement de la part de celui qui est décédé
avant le testateur à celle de l'autre qui a survécu (Turin, 23 août 1808, Toulouse,
31 juillet 1825, aff. N...). 2° Que lorsque le testateur a dit : Je veux que mon mobilier soit partagé entre tels et tels , cette disposition ne peut donner lieu au droit
d'accroissement : « attendu sur la sixième disposition relative au mobilier, que le
testateur ayant ordonné le partage de son mobilier avant la vocation de ceux qu'elle
appelait à le recueillir, au nombre de cinq, les a investis de chacun un cinquième,
étant de principe en cette matière,que la diction distributive ôte la force au nom
collectif ; d'où il suit que chacun des trois légataires survivants doit se contenter de
la portion qui lui a été destinée, et ne peut prétendre aux portions des légataires
prédécédés, par droit d'accroissement, lesquelles doivent demeurer et appartenir
aux héritiers de la testatrice, et que les art. 1044, et 1845 C. civ. sont sans application (Metz, 21 mars 1822. M. Grand d'Hannoncelles, pr., aff. Sionville C. Bolle-
mont). 3° Que de même ne peut donner lieu à l'accroissement, la disposition par
laquelle le testateur lègue, par moitié, à deux institués tout ce qu'il laisse à son
décès (Req. 18 mai 1825. aff. Guedeney, V° n° 251). 4° Que le legs de diverses
pièces de terre, fait à deux personnes, par moitié entre elles, est réputé fait avec
assignation de parts dans le sens de l'art. 1044, C. Nap. (Douai, 5 août 1846, aff.
Lancien, D. P. 48, 2. 21). 5° Que le legs de plusieurs immeubles fait à deux
individus *entre eux communs et par moitié* contient assignation de parts, et qu'en

cas de décès de l'un de ceux-ci il n'y a pas lieu à accroissement au profit de son colégataire (Douai 10 nov. 1848, aff. Itsweire, D. P. 51-5, 473).

Passons à l'examen des nombreux arrêts invoqués par l'appelant.

JURISPRUDENCE.

Cassation, 18 octobre 1809; Sirey, 1810, p. 57.

Par testament olographe du 28 germinal an XII, le sieur Leguerney de Sourdeval, a légué à Louis Leraistre, Pierre Roger et Marie-Anne Mousset, ses trois domestiques, L'UNIVERSALITÉ de ses biens *pour être partagés entre eux par tiers*. Le 4 thermidor an XIII, il a réitéré les mêmes dispositions dans un testament public. Le sieur Leguerney est décédé le 4 avril 1806. Aussitôt les légataires se sont mis en possession de l'hérédité. Les héritiers légitimes ont attaqué les testaments pour nullité et captation. 8 avril 1807, jugement du tribunal d'Argentan, ordonnant la vérification par experts des écrits du testament olographe et la preuve testimoniale des faits de suggestion et de captation. Les légataires ont appelé de ce jugement. Le 23 juillet 1807, la Cour de Caen a rendu un arrêt par lequel elle a infirmé le jugement, ordonné que le testament du 4 thermidor an XIII serait exécuté conformément à l'art. 1006 du Code civil; *maintenu* les légataires dans la possession et jouissance de l'universalité des biens de M. Leguerney..... Les héritiers naturels se sont pourvus en cassation, notamment pour violation des articles 1002, 1011, 1044, 1006 du Code Napoléon, en ce que la Cour d'appel avait ordonné la *maintenue* des légataires en possession de l'hérédité, *sans les obliger à en demander la délivrance* aux héritiers *naturels*, question qui n'avait été jusqu'alors l'objet d'aucune discussion, pas plus en instance qu'en appel. On prétendait, à cet égard, que le testateur *ayant assigné à chacun de ses domestiques un tiers de ses biens, ils étaient seulement légataires à titre universel, et en cette qualité sujets à demander la délivrance*. La Cour a rejeté cette prétention en ces termes : « Considérant que, selon l'article 1003 du Code, le legs *universel* est la disposition testamentaire par laquelle le testateur donne à une ou plusieurs personnes l'universalité des biens qu'il laissera à son décès; que suivant l'article 1006, le légataire universel est saisi de plein droit, sans être tenu de demander la délivrance; que le testateur *a donné l'univer-*

salité de ses biens *aux trois défendeurs;* que dès lors ils ont été légataires universels, et que la Cour de Caen s'est conformée à la loi, en les *maintenant* dans la propriété et possession des biens héréditaires.

Ainsi, dans l'espèce, il ne s'agissait ni de caducité, ni d'accroissement. Les héritiers étaient sans intérêts, et soulevaient d'une manière tardive une question de qualité, qui se réduisait dans tous les cas à une affaire de pure forme. Le testateur, par l'expression légale *universalité,* avait d'ailleurs manifesté l'intention bien précise de ne pas faire un simple legs de quotité. Enfin l'attribution de parts ne se référait qu'à l'exécution.

Cassation, 22 mai 1828. Dalloz, 1828, p. 264 :

19 août 1826, le sieur Simon, décède, laissant un testament dans lequel se trouvait la clause suivante : «Quant au mobilier, papiers et billets, Honoré Simon *agira de concert* avec mon neveu Félix Simon, pour que lesdits Honoré et Félix *partagent* lesdits meubles et papiers *pour payer* ce que je me trouverai devoir, tant pour domestiques, gages, etc., » et plus bas : « Les susdits Honoré Simon et Félix Simon feront faire des prières et bonnes œuvres d'*une moitié* à conscience. » Félix Simon ayant prédécédé le testateur, Honoré réclame la totalité de la disposition, en vertu du droit d'accroissement. — Jugement du tribunal de Pontarlier qui, par des motifs inutiles à rappeler, annule le testament. — Sur l'appel de la part d'Honoré Simon, arrêt du 6 février 1827, par lequel la Cour de Besançon, validant le testament pour la clause relative au mobilier, ordonne qu'elle sortira *pour le tout son plein et entier effet au profit du sieur Honoré Simon.* Pourvoi de la part des héritiers du sang ; ils soutenaient que le droit d'accroissement *ne pouvant exister, d'après l'art. 1044 du Code civil, que dans le cas où le testateur n'a pas assigné la part des légataires,* on ne pouvait l'invoquer dans l'espèce, où le sieur Simon avait manifesté formellement la volonté que les biens fussent partagés entre Félix et Honoré. — Arrêt de la Cour de cassation. — « Sur les conclusions de M. Broé, avocat général ; sur le moyen fondé sur la violation de l'art. 1044 C. civil, et sur celle de l'art. 7 de la loi de 1810, et de l'art. 141 du Code de procédure ; Attendu que l'arrêt attaqué, après avoir rappelé les diverses expressions du testament litigieux, reconnaît qu'il en résulte que le testateur a donné auxdits Honoré et Félix Simon ; qu'il qualifie Félix Simon de colégataire à titre universel, dont le prédécès a donné lieu à accroissement au profit de Jean-Claude-Honoré

Simon ; que ces motifs justifient suffisamment l'exécution des art. 7 de la loi de 1810, et 141 du Code de procédure ; qu'ils sont aussi conformes à l'article 1044 C. civil ; puisque d'une part, le legs fait à Honoré Simon est contenu dans une seule et même disposition, et que, d'autre part, *l'addition, pour en jouir par égales portions*, conçue *dans l'hypothèse d'une cessation l'indivision, n'a pas dénaturé ni altéré l'institution conjonctive ;* qu'ainsi la double violation de la loi reprochée à l'arrêt de la Cour royale de Besançon n'est fondée ni en fait ni en droit ; — Rejette. »

Il s'agit ici d'un arrêt d'espèce ; il faut ajouter que le texte de la disposition est tellement transformé par l'arrêt de Cassation, qu'il n'est plus possible de l'y reconnaître.

Aix, 14 décembre 1832 ; Dalloz, 1833, 2, page 103 :

Attendu, qu'aux termes de l'article 1044, Code civil, il y a lieu à accroissement au profit des légataires, lorsque le legs est fait par une seule et même disposition, et que le testateur n'a pas assigné la part de chacun des colégataires dans la chose léguée ; Attendu, en fait, que Justinien Bastide, par testament sous la date du 4 juillet 1832, reçu par Mᵉ Motamora, notaire à la Trinité-de-Cuba, a légué et donné à ses deux sœurs la partie qui lui revient, par suite de l'héritage, par la mort de ses parents et de son oncle Alexis Bastide, ainsi que les sommes lui appartenant, existant entre les mains du sieur Belcour, demeurant dans le même royaume de France ; et également la somme de dix mille piastres, qui leur seront remises par ses exécuteurs testamentaires, *pour qu'elles les partagent entre elles deux ;* » Attendu que le testateur a réuni ses deux sœurs dans une seule et même disposition ; que les choses léguées sont tellement liées, qu'elles ne forment qu'un seul et même tout ; que le testateur a voulu que les objets légués fussent remis aux légataires par ses exécuteurs testamentaires ; qu'il a évidemment, par là, manifesté l'intention de distraire le legs irrévocablement de sa succession ; attendu que le testateur, en léguant à ses deux sœurs la portion qui lui revient dans l'héritage paternel, a nécessairement voulu que ses biens restassent dans sa famille ; qu'il est dès lors certain qu'alors même que l'une de ses sœurs l'aurait prédécédé avant la confection du testament, le legs aurait été le même et composé des mêmes objets ; Attendu que le testateur n'a pas fait *une assignation expresse dans le legs, tendant à faire présumer que l'héritier institué dût profiter de la partie du legs du légataire prédécédé ;* qu'au contraire, les circonstances de la cause, la fortune de

Justinien Bastide, la qualité des légataires démontrent évidemment sa volonté en faveur de ses sœurs ; attendu qu'il résulte des faits ci-dessus énoncés et de la volonté du testateur, que le legs a été fait conjointement aux deux sœurs Bastide, et qu'il n'y a pas eu assignation de parts, ce qui donne lieu à accroissement au profit de l'intimée ; — confirme, etc. »

Cet arrêt, assez diffus d'ailleurs, n'a aucun rapport avec notre espèce.

Cassation, 18 décembre 1832; Sirey, 1833, page 36.

23 septembre 1820, testament par lequel le sieur Réné Couillard déclare léguer un domaine dit de Quincampoix, 1° aux enfants de feu Marguerite Couillard ; 2° à Jean-Baptiste Lemonier, fils et unique héritier de feu Marie-Louise Couillard ; 3° à la dame Dupont, fille et unique héritière de feu Marie-Françoise Couillard, ses neveux et nièces. — Ce legs fait par une seule et même disposition, est suivi d'une clause ainsi conçue : « Quant à la propriété de ladite ferme, il en sera fait trois » lots et partages par égales portions entre mes légataires, neveux et nièces ci- » dessus nommés, formant trois branches, pour en revenir, en toute propriété, » possession et jouissance, un tiers à chacune desdites branches. »—En 1829, décès du testateur. Mais, avant lui, était décédée la dame Dupont, qui formait l'une des trois branches auxquelles il avait légué ce domaine de Quincampoix. — Les deux autres branches prétendirent que le tiers de la branche éteinte leur appartenait par droit d'accroissement.

Vu l'article 1039 du Code civil ; vu aussi l'article 1044 du même Code; Attendu que le sieur Couillard, en léguant le domaine de Quincampoix à trois branches de ses successibles, l'a fait par une seule disposition conjonctive, que le testateur n'a ni dénaturée ni altérée, en voulant, *par une disposition* SÉPARÉE *et qui suit immé-diatement,* ainsi que l'a reconnu l'arrêt attaqué, qu'il fût fait de ce domaine *trois lots et partages par égales portions...* pour en revenir, en toute propriété et jouis-sance, un tiers à chacune desdites branches; que ces expressions, *qui ne se ré-fèrent qu'à l'exécution du legs,* n'annoncent pas que le testateur ait fait des parts et assigné une cote déterminée à chacun des légataires du domaine de Quincam-poix, mais qu'en leur léguant en commun, il a voulu seulement qu'il fût partagé également entre elles, par branches et non par tête ; d'où il suit que, dans l'es-pèce, il y avait lieu à accroissement au profit des légataires dudit domaine, et qu'en décidant le contraire, l'arrêt attaqué a fait une fausse application de l'art. 1044 du Code civil, et violé l'art. 1039 du même Code ; — casse, » etc.

Inutile de démontrer que cet arrêt est sans application à notre espèce.

Paris, 22 juin 1833; Sirey, 1833, 2, page 337.

Considérant que par son testament du 23 septembre 1820, Couillard a légué, *par une seule et même disposition*, à tous les enfants de ses sœurs, formant trois branches, la ferme de Quincampoix ; que cette disposition *conjointe*, absolument conforme à l'art. 1044 du Code civil, qui admet l'accroissement entre les colégataires, *n'a point été dénaturée par la disposition, simple mode d'exécution*, portant partage égal non par têtes, mais par branches ; considérant que le testateur, imposant des charges aux légataires de sa ferme, veut qu'elles soient acquittées par eux, *conjointement et solidairement*, ce qui rappelle et confirme l'*institution collective et conjointe*, pour les personnes et pour les choses; considérant qu'en cet état....

Aix, 17 mars 1858, Sirey, 1859, 2, p. 223 :

11 août 1857, jugement du tribunal de Marseille qui statue en ces termes : « Attendu que, dans son testament en date du 12 août 1840, la dame Claire-Lucrèce Nicolas, veuve de Jean-Antoine Nicolas, a disposé de la manière suivante : « Je nomme et institue pour *mes légataires* UNIVERSELS, *à partager par égales portions tous mes biens, meubles et immeubles, que je délaisserai à l'époque de mon décès :* 1° Jean-Antoine Nicolas, négociant, domicilié et demeurant à Tourves ; 2° Jean-Louis Nicolas, propriétaire, domicilié et demeurant à Tavernes ; 3° dame Marie-Madeleine Nicolas, épouse de Bruno-Christophe Nicolas, domiciliée et demeurant à Marseille, mes frères et sœur. Si quelqu'un de mes héritiers venait à faire mettre les scellés après mon décès, je veux que les frais restent à sa charge ; Attendu, en droit, que le legs universel est défini par la loi : la disposition testamentaire par laquelle le testateur donne à une ou à plusieurs personnes l'*universalité* des biens qu'il délaissera à son décès; Attendu qu'aux termes de l'art. 1044 du Code Nap., il y aura accroissement au profit des légataires dans le cas où le legs sera fait à plusieurs conjointement : le legs sera réputé fait conjointement lorsqu'il le sera par une seule et même disposition, et que le testateur n'aura pas assigné la part de chacun des colégataires dans la chose léguée; Attendu, en fait, que le testament de la dame Nicolas renferme un legs *universel* en faveur de trois personnes : Jean-Antoine Nicolas, Jean-Louis Nicolas et Marie-Madeleine Nicolas, épouse de Bruno-Christophe Nicolas, ses frères et sœur; que la testatrice ne laisse pas une quotité déterminée, n'assigne pas une part à chacun de ses légataires; *que les*

termes du testament repoussent l'idée d'un legs à titre universel ; qu'elle les institue
tous les trois *légataires universels ;* que cette institution est répétée *deux fois* dans
le testament et toujours sous ces expressions : HÉRITIERS UNIVERSELS ; *qu'il ne peut y
avoir de legs universel en faveur de plusieurs personnes sans qu'il y ait pour toutes
vocation conjointe à l'universalité de la succession, et par conséquent accroissement
en faveur de celui ou de ceux qui ont survécu au testateur ;* Attendu, sous un autre
rapport et *par application de l'article* 1044, qu'il résulte des termes du testament,
que la dame Nicolas n'a pas assigné une part à chacun des trois légataires, pour
que chacun ne jouisse que de ce qui lui a été limitativement transmis ; qu'elle n'a
pas fractionné son héritage entre eux *dans la disposition principale* de son testament ; qu'elle les appelle tous les trois à la chose léguée ; que l'indication du partage par portions égales n'est évidemment que l'indication de *l'exécution* de la disposition principale du testament, l'indication de leur part à la chose léguée, si tous
les légataires survivent au testateur ; que le testateur a tout simplement expliqué
les conséquences du partage à intervenir dans les termes du droit entre les légataires, c'est-à-dire signalé les effets naturels du partage que la disposition rendra
indispensable entre les appelés qui survivront ; mais qu'il n'y a pas de fraction de
ces biens assignée séparément à chacun de ses légataires ; qu'enfin ce que voulait
la testatrice, ce n'est pas de faire ou assigner des parts aliquotes à chacun des héritiers, *mais de les appeler tous les trois à l'universalité de ses biens,* en indiquant
seulement que, dans le partage qu'ils auront à faire, il y aura égalité entre les appelés ; que la *vocation* est donc conjointe ; *qu'elle s'applique à l'universalité des biens ;*
qu'il y a donc accroissement au profit du survivant, et qu'en fait, le seul survivant est le sieur Jean-Antoine Nicolas, propriétaire, demeurant à Tourves, etc.
— Appel par les héritiers de la dame Nicolas. Arrêt : « Attendu que la dame
Claire-Lucrèce Nicolas, veuve de Jean-Antoine Nicolas, est décédée en l'état d'un
testament dans lequel on lit la disposition suivante : « Je nomme et institue *pour
mes héritiers* UNIVERSELS, *à partager par égales positions* tous mes biens, meubles
et immeubles, que je délaisserai à l'époque de mon décès : 1º Jean-Antoine Nicolas ; 2º Jean-Louis Nicolas ; 3º Marie-Madeleine Nicolas, épouse de Bruno-Christophe Nicolas... » Attendu que Jean-Antoine Nicolas ayant seul survécu à la testatrice, il s'agit de savoir si les parts devenues caduques par suite du prédécès des
deux autres institués, lui sont dévolues par voie d'accroissement ; attendu que la
vocation solidaire, qui est la base de ce droit, résulte, dans l'espèce, soit de *l'institution d'héritier universel* existant au profit de chacun des appelés, *soit de la disposition conjointe* faite sans assignation de part ; Adoptant au surplus les motifs

4

des premiers juges, desquels il résulte que la testatrice a voulu léguer l'universalité de sa succession à chacun de ses héritiers, *sauf partage en cas de concours réel*: confirme, » etc.

Cet arrêt, motivé sur la volonté expresse du testateur de faire un legs universel et non de quotité, loin d'être favorable au système de l'appel nous paraît en être au contraire la condamnation.

Cassation, 19 octobre 1808, Sirey 1809, page 31 :

20 messidor, an XII, testament par lequel le sieur Laporte institue, *par une même disposition*, le sieur Planté et ses deux sœurs, tous trois neveux du testateur pour, est-il dit, *faire et disposer de mon* ENTIÈRE HÉRÉDITÉ après mon décès, par *portions égales* à leur volonté, en payant mes dettes, etc. Après le décès du testateur, le sieur Planté et l'une de ses sœurs, femme Dessoliés, se firent envoyer en possession de la totalité de la succession, encore qu'avant le décès du testateur Antoinette Planté, l'une des trois légataires, fût décédée. Mais un tiers de cette succession fut contesté aux légataires par Dubrana, héritier légitime du défunt, sur le fondement que le sieur Planté et sa sœur, la dame Dessoliés, n'avaient été institués que chacun pour un tiers de la succession ; que le troisième tiers, légué à Antoinette Planté décédée, devait appartenir à l'héritier légitime, par préférence aux légataires. Ceux-ci répliquèrent que le troisième tiers leur appartenait en vertu du droit *d'accroissement*, établi par l'art. 1044, Cod. Nap., attendu que le legs de la totalité était fait conjointement, c'est-à-dire, sans assignation de la part de chacun des colégataires dans la chose léguée. Pour l'héritier légitime, on soutenait que le legs de la totalité n'était pas fait conjointement, aux trois légataires, puisqu'il y avait eu division des parts, en ce que le testateur avait dit qu'ils recueilleraient et jouiraient par portions égales. — 20 janvier 1806, jugement du tribunal civil d'Agen, qui déclare y avoir accroissement. — Appel dévolu à la Cour d'Agen. — 3 mars 1806, arrêt qui dit mal jugé, et déclare le sieur Dubrana seul investi du droit à la succession Laporte, sauf aux légataires à lui demander la délivrance du legs à eux fait ; « Attendu que si les trois héritiers eussent été en vie à la mort de Laporte, le président du tribunal eût dû les envoyer en possession de l'hérédité, parce qu'ils auraient été légataires universels, et conséquemment, d'après les dispositions du Code civil, ils auraient été saisis de plein droit, et n'auraient pas été tenus de demander la délivrance, puisqu'il n'y avait pas d'héritiers auxquels une quotité de biens fût réservée par la loi ; mais l'un de ces légataires

étant mort, il était question de décider si la portion avait accru à son frère et à sa sœur, ou si elle était dévolue aux héritiers *ab intestat*, dès que, d'après le Code civil, l'institution du défunt était devenue caduque ; et, de la solution de cette question, dépendait celle de savoir si c'était les Dessoliés et Planté, ou Dubrana, qui devaient être envoyés en possession ; et d'après les anciennes lois et leurs commentateurs, et notamment d'après Furgole, ceux à qui une même chose avait été léguée, *par égales portions*, n'étaient conjoints que *par les paroles*, et l'accroissement n'avait pas lieu entre eux. Le Code civil a conservé les dispositions de l'ancien droit, en décidant, par l'art. 1044, que l'accroissement n'a lieu que lorsque le legs est fait à plusieurs conjointement, et qu'il est fait conjointement, lorsque le testateur n'a pas assigné la part de chacun des colégataires dans la chose léguée ; qu'ici le testateur a assigné la part des colégataires, puisqu'il veut qu'ils partagent par portions égales ; qu'il n'y a donc pas lieu à accroissement ; qu'une portion de la succession est devenue caduque, qu'elle appartient donc aux héritiers *ab intestat*, et que les légataires *universels* sont devenus légataires *à titre universel ;* que d'après les dispositions du Code civil, ils doivent demander à l'héritier *ab intestat* la délivrance du legs ; que c'était donc Dubrana, héritier *ab intestat*, qui devait être envoyé en possession et non les Planté, qui ne sont que légataires à titre universel. »

Pourvoi en cassation de la part des colégataires pour contravention à l'art. 1044 du Code Nap. — La Cour, après un délibéré en la chambre du conseil, vu l'art. 1044 du Code Nap. ; — considérant que les trois frères et sœur Planté sont, *par une seule disposition*, institués *héritiers universels* de Laporte, pour disposer de son ENTIÈRE HÉRÉDITÉ ; que cette institution conjonctive n'a point été *dénaturée ni altérée* par l'addition, *pour jouir et disposer de ladite hérédité par égales portions* ; que cette expression n'annonce d'aucune manière que le testateur ait fait des parts et assigné une quote à chacun des héritiers qu'il instituait ; mais au contraire, qu'en les instituant *tous* ses héritiers *universels*, il voulait que sa succession fût *partagée également entre ceux qui profiteraient* de l'institution ; d'où il suit que, dans l'espèce, il y a lieu à l'accroissement, et que l'arrêt qui a déclaré le contraire a contrevenu à l'article 1044 du Code Nap. ; — Casse, etc. »

Cassation, 14 mars 1815. Sirey, 1815, p. 257.

1ᵉʳ nivose an XII, testament du sieur Jean-Baptiste Diharce ; la clause d'institution est ainsi conçue : « Et au restant de tous mes autres biens, meubles et immeubles, droits, raisons et actions, qui pourront m'appartenir au jour de mon décès, je déclare, nomme et institue , *pour mes légataires* GÉNÉRAUX ET UNIVERSELS , le citoyen Jean Diharce, mon frère, et la citoyenne Marianne Diharce , veuve Barnetche, ma sœur, le premier résidant actuellement dans cette commune , et la seconde dans celle de Sare , *pour eux jouir et disposer de mes biens par égales portions.* » Marianne Diharce , veuve Barnetche, l'un des co-institués , prédécède le testateur. Celui-ci meurt en 1810, laissant pour unique héritier naturel une petite fille de cette même sœur, Marianne Diharce, prédécédée. L'héritier naturel prétend droit à la succession ; l'héritier testamentaire, de son côté, demande qu'elle lui soit dévolue en entier. — 10 juillet 1812 , jugement du tribunal civil de Bayonne qui déclare n'y avoir lieu à accroissement , et ordonne le partage de la succession. Appel devant la Cour de Pau. — 29 mai 1813 , arrêt confirmatif : « Attendu que la disposition de l'art. 1044 du Code civil est *générale et absolue ;* qu'il en résulte qu'il ne peut y avoir lieu à accroissement, *si le testateur a assigné la part de chacun des légataires ;* que cette part a été déterminée par le testament dont il s'agit, puisqu'on trouve dans la clause portant institution du frère et de la sœur ces mots : *Pour par eux jouir et disposer des susdits biens par égales portions ;* que c'est une erreur de prétendre que ces mots ne rentrent pas dans la disposition et ne peuvent être appliqués qu'à l'exécution ; car, s'ils ne se trouvaient pas dans le testament, les biens, en vertu de l'institution, auraient dû être partagés par égales portions entre le frère et la sœur s'ils avaient survécu au testateur. Or, s'ils étaient inutiles pour l'exécution, ils doivent nécessairement rentrer dans la disposition, et ils expliquent l'intention du testateur d'assigner à chacun de ses frère et sœur la moitié de ses biens. Il y a donc dans le testament une assignation de parts ; cela est si vrai que si le testateur, au lieu de dire : Pour par eux jouir et disposer par égales portions, eût dit : Pour par mon frère jouir et disposer du quart, et ma sœur des trois quarts, on ne pourrait pas prétendre que ces paroles rentrent dans l'exécution ; qu'il n'est pas plus exact de le soutenir, lorsqu'il a dit qu'ils en jouiraient et disposeraient par égales portions ; car si cette prétention pouvait être accueillie, il en résulterait qu'une assignation de portions égales n'aurait pas d'efficacité, tandis qu'une disposition conçue dans les mêmes termes, avec des portions inégales, produirait cet effet : ce serait contrarier le sens de la loi , l'intention et la volonté du testateur, qui doivent toujours être interprêtées favorablement : *In testamentis pleniùs voluntates testantium interpretantur. L. 12. ff. de reg. juris.* Il en résulterait encore que l'on ne pourrait pas assigner des portions égales sans introduire le droit d'accroissement ; *que d'ailleurs l'art. 1044, qui a voulu mettre fin à toutes les subtilités des interprètes du droit romain sur le droit d'accroissement, n'a pas fait la distinction entre la disposition et l'exécution; il n'a voulu autre chose qu'une assignation de parts pour exclure l'accroissement; il n'a pas prescrit aux testateurs un ordre de paroles dans leurs dispositions*, il s'est contenté de la manifestation de leur volonté : *Dicat testator et erit lex*. Dès lors il leur importait peu dans quelle partie du testament l'assignation fût insérée; tandis que dans l'espèce de la cause, elle se trouve dans la même phrase, dont tous les mots, qui ont une liaison parfaite, ont trait à la disposition; et il n'est pas permis de la morceler et d'en faire deux membres, pour trouver dans le premier une distinction que la loi n'a pas faite. » — Pourvoi en cassation pour la violation de l'article 1044 du Code civil. « La Cour, vu l'article 1044 du Code civil; — attendu que Jean Diharce et la veuve Barnetche ont été institués HÉRITIERS UNIVERSELS *par une seule et même disposition* du testament de Jean-Baptiste Diharce, leur frère, et que cette institution conjointe n'a point *été dénaturée* par l'addition de ces mots : *Pour par eux jouir et disposer de mes biens par égales portions*, qui n'annoncent en aucune manière que le testateur ait entendu assigner une part à chacun d'eux, mais seulement que ses biens fussent également partagés entre eux ; d'où il résulte que la veuve Barnetche ayant précédé le testateur, son institution était devenue caduque, et que Jean Diharce avait seul droit à la totalité des biens composant ladite institution, et que l'arrêt attaqué, en la lui refusant, a contrevenu à l'article 1044 du Code civil ci-dessus transcrit. La Cour casse et annule, etc. »

Douai, 22 janvier 1856. Sirey, 1857, 2, p. 37 :

Le tribunal d'Hazebrouck avait statué dans les termes suivants : « Attendu que l'institution conjointe de l'article 1044, Code Nap., implique, dans l'esprit de son auteur, *une double prévision, dont l'une a nécessairement pour objet l'éventualité du partage;* attendu que le testament de la dame Devos, née Wyon, est ainsi conçu : « J'institue *pour mes légataires* UNIVERSELS le sieur Aimable Wyon, meunier, demeurant à Blaringhem, et Sophie Wyon, épouse de Pierre Tauffour, postillon, demeurant ensemble à Saint-Omer, mes neveu et nièce, et, en conséquence, je leur donne et lègue tous les biens, meubles et immeubles généralement quelconques que je laisserai à mon décès, aucun réservé ni excepté, *pour, par mesdits légataires, en jouir et disposer en toute propriété*, à partir du jour de mon décès, *à parts et portions égales* » ; attendu que l'énonciation, que les légataires jouiront et disposeront de l'objet de l'institution à parts et portions égales, exprime le *résultat prévu de la disposition conjointe* au décès du testateur, *en cas de survie* de ses légataires , et ne contient nullement une assignation déterminée des parts, impliquant la moindre idée de restriction de l'institution conjointe qui précède cette énonciation ; attendu , en conséquence , que c'est à tort que le demandeur veut faire ressortir de la disposition ci-dessus transcrite la volonté attributive d'une part fixe, déterminée par la testatrice, dès le moment de la confection du testament ; — Par ces motifs, le tribunal reçoit le demandeur opposant en la forme au jugement par défaut rendu contre lui le 10 mars dernier, et, statuant au fond, le déclare mal fondé en ses demandes, fins et conclusions, dit qu'en sa qualité de légataire universelle et par l'effet de l'accroissement, la dame Tauffour, née Wyon , a recueilli l'intégralité de la succession de la dame Devos. »

Appel. Arrêt (par défaut). La Cour, adoptant les motifs des premiers juges, confirme , etc. »

Cassation , 9 mars 1857, Sirey, 1857 , page 254 :
Pourvoi en cassation contre l'arrêt précédent par le sieur Louis Wyon , pour violation de l'art. 1044 du Code Nap. La Cour, « Attendu que le Code Napoléon n'a posé qu'un seul principe absolu relativement aux legs conjoints, celui qui est écrit en tête de l'art. 1044 , et en vertu duquel il y a lieu à accroissement au profit des légataires, dans le cas où le legs est fait à plusieurs conjointement; que l'art. 1044 ajoute , il est vrai, que le legs sera réputé fait conjointement lorsqu'il le sera par une seule et même disposition, et que le testateur n'aura pas assigné la part de chacun des colégataires dans la chose léguée ; mais qu'il ne faut pas moins, pour savoir s'il y a assignation de parts, *rechercher quel sens le testateur a attaché à ses expressions* lorsqu'elles sont douteuses, ce qui laisse une juste place à l'appréciation des juges du fait et à la recherche de *l'intention* du testateur ; attendu , dès lors , que l'arrêt attaqué a pu , sans violer la loi, voir un legs conjoint dans la disposition testamentaire par laquelle la veuve Wyon a institué Aimable Wyon et la dame Tauffour, LÉGATAIRES UNIVERSELS, pour en jouir et disposer en toute propriété à partir du jour de son décès , *à parts et portions égales* , et déclarer que ces derniers mots expriment *le résultat prévu de la disposition conjointe*, se réfèrent au partage qui devait être fait en cas de survie par les deux colégataires, mais ne contiennent ni une assignation de parts, *ni la moindre restriction à l'institution conjointe qui précède cette énonciation ;* — rejette, etc. »

Pau , 18 décembre 1834 ; Journal du palais, 1834 , page 1158 :

Le 31 juillet 1832, le sieur Lajusan-Lafont, créancier de la demoiselle Marie Carrère d'une somme principale de 2,600 fr., lui fait un commandement tendant à l'expropriation des immeubles hypothéqués à sa créance par la débitrice, qui les possédait soit de son chef, soit en qualité de légataire universelle de Jeanne Carrère, sa sœur. L'adjudication préparatoire eut lieu en janvier 1833. La veille de l'adjudication définitive, les frères Passicousset interviennent dans l'instance en expropriation, s'opposent à la vente et demandent la distraction d'une partie des immeubles compris dans la saisie. Ils fondaient leur intervention sur un jugement rendu entre eux et Marie Carrère, qui les déclarait propriétaires d'une partie des immeubles compris dans la saisie, jugement rendu sur la demande en partage de la succession de Jeanne Carrère, formée par les frères Passicousset contre Marie Carrère. Celle-ci avait opposé qu'ayant été instituée *héritière générale et universelle*, conjointement avec Jeanne-Thérèse, sa sœur, par Jeanne Carrère, le legs de sa colégataire devait lui appartenir par accroissement. Le testament de Jeanne Carrère portait : « Qu'elle *fait et institue pour ses héritières* GÉNÉRALES ET UNIVERSELLES, *par portions égales*, les sœurs Jeanne-Thérèse et Marie Carrère, voulant que celles-ci puissent recueillir sa succession intégrale après son décès. » Le jugement rendu le 5 mars 1833, sur ces contestations, avait ordonné le partage de la succession de Jeanne, entre Marie Carrère et les frères Passicousset. Sur cette intervention, le sieur Lajusan-Lafont soutint que ce jugement ne peut lui être opposé ; que, dans tous les cas, et en recevant en tant que de besoin sa tierce opposition, il devait être rétracté en ce qu'il avait décidé que le legs fait à Jeanne-Thérèse ne devait point profiter par accroissement à Marie Carrère. Les frères Passicousset répondent qu'il y a chose jugée, et que la tierce opposition est non recevable de la part de Lafont-Lajusan, représenté dans le jugement par Marie Carrère, sa débitrice. Jugement qui rejette la fin de non recevoir proposée par les intervenants, et accueille les conclusions de Lafont-Lajusan. Appel par les frères Passicousset. — Sur la demande relative à l'accroissement en faveur de Marie-Carrère, du legs fait par Jeanne Carrère, sa sœur, dans son testament public du 15 janvier 1811, attendu, qu'aux termes de l'article 1044 du Code civil, il y a lieu à accroissement au profit des légataires, dans le cas où le legs a été fait à plusieurs conjointement ; que si le second paragraphe de cet article déclare que le legs est réputé fait conjointement lorsqu'il l'a été par une seule et même disposition, et que le testateur n'a pas assigné la part de chacun des légataires, on ne doit pas en conclure que le legs n'est pas fait conjointement, lorsque le testateur, en comprenant plusieurs légataires dans la même disposition, indique la portion dans laquelle il entend qu'ils exercent les droits qu'il leur confère, et lorsque sa volonté, suffisamment exprimée, ne laisse pas de doute sur l'effet qu'elle doit obtenir ; que Jeanne Carrère dispose *conjointement* en faveur de Jeanne-Thérèse et Marie Carrère, ses sœurs, par son testament du 15 janvier 1811, en déclarant qu'elle les institue pour *ses héritières* GÉNÉRALES ET UNIVERSELLES *par portions égales*, voulant qu'elles puissent recueillir sa succession intégrale après son décès ; que l'emploi des expressions *surabondantes : par portions égales*, ne change pas *la nature* de cette disposition ; qu'il sert à faire connaître *la proportion* dans laquelle les deux légataires doivent prendre part *au legs universel* qui leur est fait, et qu'il n'établit pas une division de l'hérédité en deux parties distinctes, dont chacune puisse être considérée comme formant *un legs particulier;* que la volonté manifeste de Jeanne Carrère fut de transmettre *son entière* succession à ses deux légataires, en telle sorte qu'elle ne profitât qu'à elles, et que par conséquent, elle fût attribué à la survivante, si elles ne la recueillaient pas conjointement ; que cette intention fut suivie depuis le décès de Jeanne Carrère, survenu le 11 avril 1820, jusqu'au 21 août 1830, date de la demande en partage ; que, dans cet intervalle, Marie Carrère se regarda comme unique propriétaire de tous les biens délaissés par sa sœur, et qu'elle les hypothéqua sans exception comme les siens propres, en faveur de la partie de Laborde, dans l'obligation du 7 juin 1826. — Par ces motifs, etc. »

Bordeaux, 7 janvier 1841 ; Journal du palais, 1841, 1, page 545 :

Lors du décès du sieur Antoine Guérineau, on trouva un testament olographe par lequel il instituait son neveu et sa nièce ses légataires universels dans les termes suivants : « *Je nomme* le sieur Pierre-Hippolyte Guérineau, mon neveu, et la demoiselle Anne Guérineau, sa sœur, aussi ma nièce, *mes héritiers* UNIQUES ET UNIVERSELS *par égales portions* de tout ce que je délaisserai à l'époque de mon décès. Ainsi est mon testament olographe. Fait à Bordeaux, le 1er avril 1835. Signé Guérineau. — *P. S.* Dans la crainte qu'un jour madite nièce ne compromît ce qui lui reviendra, dans quelque commerce ou tout autre placement hasardeux, et d'un autre côté, son frère, mon neveu, l'ayant longtemps aidée de ses moyens pécuniaires, quoiqu'il fût lui-même et sa famille dans une position très-difficile, il est entendu que cette portion de ma nièce sera inaliénable et fera retour à sa mort à mondit neveu, son frère. Bordeaux, lesdits jour, mois et an que dessus. Signé Guérineau. » Les héritiers naturels ont soutenu que le *potscriptum* contenait une substitution fidei-commissaire prohibée par la loi ; qu'elle réagissait sur le legs fait à Anne Guérineau et en entraînait la nullité, et que cette moitié devait être recueillie par les héritiers naturels. Les légataires combattaient la prétention relative à la substitution fidéi-commissaire et soutenaient que les héritiers naturels étaient sans qualité pour demander le partage, parce que la caducité du legs devrait profiter à Antoine Guérineau. Cette exception a été accueillie par la Cour de Bordeaux en ces termes : « Attendu que, par son testament du 1er avril 1835, Antoine Guérineau a nommé Pierre-Hippolyte Guérineau, son neveu, et Anne Guérineau, sa nièce, *ses héritiers* GÉNÉRAUX ET UNIVERSELS *par égales portions*, dans tout ce qu'il laisserait à l'époque de son décès ; attendu qu'Antoine Guérineau a institué son neveu et sa nièce, *par une seule disposition*, pour recueillir son *entière hérédité* ; que, s'il est dit ensuite *par égales portions*, cette explication résulte de la disposition elle-même par laquelle Antoine Guérineau institue son neveu et sa nièce conjointement ses héritiers généraux et universels ; que cette explication est relative à l'exécution du testament ; *qu'elle n'empêche pas que l'institution ne comprenne l'universalité de la succession, de telle sorte qu'il n'en est pas moins démontré que l'intention du testateur a été que son hérédité tout entière appartînt aux héritiers qu'il instituait conjointement, à l'exclusion de toute autre personne* ; d'où il suit que, si l'institution devient caduque à l'égard de l'un des héritiers, la portion de celui-ci doit accroître à l'autre, et que ce serait aller contre l'intention du testateur que de la faire recueillir par toute autre personne que par son héritier universel. »

Paris, 6 janvier 1838, et Cassation, 22 février 1841 ; Sirey, 1841, page 536 :

Le sieur Sinson a fait, le 15 septembre 1833, un testament ainsi conçu : « *J'institue et fais mes légataires* UNIVERSELS *en toute propriété*, 1° *conjointement pour moitié* les deux enfants de madame Laillet aînée, née Marie-Amélie Sinson ; 2° *pour l'autre moitié*, madame Laillet, la cadette, née Antoinette-Isabelle Sinson..... à la charge par eux de se conformer à toutes les dispositions et charges ci-après énoncées. Je lègue à madame Pierret, née Louise-Elisabeth Sinson la somme de 100,000 fr. une fois payée ; *mes légataires universels* auront un an pour les lui payer. Je donne à mademoiselle Sinson-Bruneau, ma petite-cousine, l'usufruit d'une action que j'ai dans le canal de Briare..... ; à son décès la nue-propriété de l'action retournera *à mes légataires universels.* Le testateur est décédé le 22 juillet 1836. La dame Laillet et les mineurs Laillet, se considérant comme *légataires universels,* se sont alors fait envoyer en possession, par ordonnance du président du tribunal de la Seine, sans avoir préalablement demandé la délivrance des legs aux héritiers collatéraux. Ceux-ci ont demandé la nullité de l'ordonnance d'envoi en possession ; ils ont soutenu que le testament, attribuant à chacun des légataires Laillet *une quote-part* de l'universalité des biens du testateur, et non pas l'*universalité* de ses biens, ils étaient des légataires *à titre universel*, tenus de demander la délivrance, conformément à l'art. 1011 du Code civil, et non pas des légataires universels dispensés de cette obligation, par l'art. 1006.

14 juillet 1837, jugement du tribunal de la Seine qui rejette cette prétention, par les motifs suivants :

« Attendu que l'art. 1003 du Code civil répute *legs universel* la disposition par laquelle on donne *à une ou plusieurs personnes l'universalité* de ses biens; qu'ainsi le caractère *essentiel et constitutif du legs universel* est de conférer à chacune des personnes instituées la possibilité de recueillir *la totalité* de la succession. Attendu, en effet, que l'ensemble du testament du 15 septembre 1833 et l'économie de toutes ses dispositions présentent *une institution universelle* au profit de Laillet et consorts, d'après laquelle chacun d'eux, à défaut des autres, se trouvait appelé à recueillir toute l'hérédité aux charges y imposées ; qu'en effet, par son testament, le testateur déclare instituer *des légataires universels* en toute propriété; qu'il charge ses légataires comme *légataires universels* d'acquitter le legs de 100,000 fr. qu'il fait à la dame Pierret, et par la même raison, il ordonne que la rente du canal de Briare, léguée à la demoiselle Bruneau, en usufruit seulement, retournera à ses *légataires universels;* qu'ainsi, non-seulement d'après les termes mêmes de l'institution principale, mais encore d'après les autres dispositions du testament, il est manifeste que le testateur a voulu et entendu transmettre l'*universalité* de ses biens à chacun de ceux qu'il désignait sous le titre de *légataires universels*, puisque tous et chacun d'eux sont soumis à supporter toutes les charges de l'*institution universelle*, et que, dans sa pensée, le testateur va jusqu'à expliquer que ses légataires devront eux-mêmes profiter de la nue-propriété de la rente léguée en usufruit, afin de lever tous doutes sur sa volonté de leur transmettre la totalité de ses biens ; d'où la conséquence que la disposition *dans sa qualification* littérale et dans son esprit, présente le caractère d'un legs *universel;* attendu que cette disposition ne peut *perdre* ce caractère, *parce que le testateur, après avoir fait et institué* pour ses légataires *universels* Laillet et consorts, aurait ajouté : 1° conjointement *pour moitié* les deux enfants de feu Laillet; 2° pour *l'autre moitié* la dame Laillet; qu'en effet, il est évident que cette *répartition* entre les légataires *universels* ne porte *nullement atteinte à la nature*, ni aux effets de l'institution *principale* par laquelle le testateur a *d'abord créé* et constitué des légataires *universels;* que cette division a eu seulement pour objet de déterminer les droits des légataires entre eux, dans le cas où tous viendraient en concours dans leur ligne respective, mais *sans détruire* en rien la possibilité que l'un des légataires institués recueillît l'hérédité, s'il se trouvait seul exister au moment du décès, possibilité qui; par elle-même, caractérise l'institution universelle; qu'il en est de même de la conjonction ordonnée en faveur des enfants Laillet; que la conjonction et par suite le droit d'accroissement ne sont expliqués par le testateur *que comme exécution de la disposition principale de son institution universelle*, le cas échéant où tous les légataires viendraient en recueillir le bénéfice, de manière que les intérêts de ces légataires entre eux fussent réglés et bien déterminés, sans néanmoins nuire aux droits que le legs principal attribuait à chacun d'eux d'être légataires universels, et, par conséquent, de succéder à l'universalité des biens et droits actifs et passifs de l'hérédité; d'où il suit que, *d'après les* TERMES EXPRÈS *du testament, et dans l'intention du testateur,* le legs dont il s'agit est évidemment un legs universel; attendu qu'à son décès, Sinson n'a laissé aucun héritier à réserve, que dès lors les sieurs Laillet et consorts ont dû se conformer au vœu des art. 1006 et 1008 du Code civil; ce qui justifie pleinement l'ordonnance d'envoi en possession, et rend superflu l'examen des conclusions incidentes et subsidiaires de Laillet et consorts, à fin de délivrance de legs, puisque cette délivrance s'est opérée par l'envoi en possession ordonnée par le président du tribunal. — Appel. Mais le 6 janvier 1838, arrêt de la Cour royale de Paris qui confirme en adoptant les motifs des premiers juges.

Pourvoi en cassation par les héritiers Sinson, pour violation des art. 1003, 1044, 1010 et 724 du Code civil, en ce que la Cour royale a vu un legs universel dans une disposition par laquelle le testateur, au lieu de léguer l'universalité de ses biens à ceux qu'il instituait, leur avait légué à chacun une quote-part de cette universalité, ce qui les constituait simplement légataires à titre universel.

La Cour; « Attendu que Claude-René Sinson, dans son testament olographe, a institué pour ses *légataires universels*, en toute propriété, 1° conjointement *pour moitié* les deux enfants de la dame Laillet aînée, née Sinson; 2° *pour l'autre moitié* la dame Laillet cadette, née Sinson, à la charge par eux de se conformer à toutes les autres dispositions de ce testament; attendu que, par une autre clause du même testament, ledit sieur Sinson donne à la demoiselle Sinson Bruneau, sa petite cousine, l'usufruit d'une action dans le canal de Briare, en ajoutant qu'au décès de celle-ci la nue propriété retournera à *ses légataires universels*; attendu que, d'après ces énonciations, l'intention du testateur ne pouvait être douteuse; qu'il est évident qu'il voulait donner à sa sœur Laillet et à ses neveux Laillet l'universalité de ses biens à titre de legs universel ; *attendu que peu importe cette division des biens légués ; qu'elle n'a rien de contraire à la loi*, puisque l'art. 1003 du Code civil autorise le testateur à donner à *plusieurs personnes*, aussi bien qu'à une seule, l'universalité de ces biens à titre de legs universel, *et ce, sans condition, ni restriction ;* attendu dès lors qu'en décidant que la dame Laillet, née Sinson, et les enfants Laillet étaient légataires universels du feu Sinson, la Cour royale a fait une juste application de l'art. 1003 du Code civil, et n'a pu violer les art. 724, 1010 et 1004 du même Code, qui étaient inapplicables. — Rejette, etc. »

Nevers, 22 juillet 1846, Sirey, 1847, 2, page 103 :

Antoine Michelet est décédé laissant un testament où se trouve la disposition suivante : « *Je lègue* à Jeanne Michelet et à Françoise Coquin, *conjointement, et à chacune pour moitié*, les biens m'appartenant aux Vignaux.» Jeanne Michelet s'est mise en possession de la totalité des biens des Vignaux, prétendant que la moitié léguée à Françoise Coquin, décédée avant le testateur, lui revenait par voie d'accroissement. Mais François Michelet, frère et héritier d'Antoine, a revendiqué la portion de Françoise Coquin, comme faisant partie de la succession de celui-ci ; il a soutenu qu'il n'y avait pas lieu à accroissement au profit du colégataire, soit parce que dans la disposition il y a eu désignation de parts, soit parce qu'il ne s'agit dans cette disposition que de la conjonction *verbis*, insuffisante pour entraîner l'accroissement. — Dans l'espèce, a-t-il dit, il n'y a pas d'accroissement possible, parce qu'il n'y pas *vocatio ad totum ;* et il n'y a pas *vocatio ad totum, parce qu'il y a désignation de parts*. Il n'y a pas d'accroissement possible parce qu'il n'y a pas conjonction *re et verbis ;* et il n'y a pas conjonction *re et verbis, parce qu'il y a désignation* de parts. Quant à l'expression *conjointement* que l'on invoque comme sacramentelle, elle reste sans valeur et sans portée, parce qu'elle n'exprime ici que la conjonction *verbis tantùm* qui, en matière d'accroissement, est elle-même sans portée et sans valeur. — Jugement. « Attendu qu'en écartant toutes les formules de la loi romaine d'où résultent tant de difficultés inextricables en matière d'accroissement et de disjonction de legs, le Code qui nous régit a posé des règles précises dont il faut respecter la clarté ; Attendu, dans l'espèce, que le testateur Michelet, usant de son droit, a, parmi ses héritiers du même rang, fait choix de ceux qu'il affectionnait le plus, et que, décédé après Françoise Coquin, nommée dans son testament, il n'a fait aucune disposition nouvelle.

Rappelant ceux exclus par ce testament, ce qui implique sa persévérance dans la volonté exprimée ; attendu qu'en faisant usage dans son testament de l'*expression sacramentelle* CONJOINTEMENT, il a suffisamment fait connaître et exprimé l'intention d'un *legs universel* emportant accroissement; attendu que si, dans la même phrase, il dit, en parlant des deux héritiers qu'il institue : *à chacun pour moitié*, cette locution devient le complément de la volonté exprimée, à savoir que les colégataires, en cas de survie des deux, n'auront que des parts égales; que la clause qui contient ces dispositions ne peut être considérée *comme faisant l'attribution de parts, telle que la comprend la 2ᵉ partie de l'art.* 1044; qu'en effet, on ne saurait admettre raisonnablement *que la même* phrase puisse renfermer deux volontés aussi *contradictoires, un legs conjoint et une attribution de parts;* que le legs conjoint se comprend avec l'injonction de portions égales pour les colégataires universels; mais que la volonté de disjoindre ne peut se comprendre ni subsister en présence de celle opposée, si clairement exprimée, de donner conjointement; que, de plus, la clause dans son ensemble présente un sens clair, précis, exprimant une volonté en harmonie avec les autres dispositions du testament et le fait persévérant de l'exclusion des autres héritiers non nommés; qu'au contraire, fractionnée, elle offre un non-sens qu'on ne peut expliquer que par une interprétation subtile que la loi française a proscrite pour toujours; Attendu que pour aboutir à une telle conclusion, et trouver dans la fin de la clause le renversement d'une disposition offrant un sens entier, formel, il faudrait que cette volonté contraire fût d'une clarté telle qu'aucun doute ne pût être conservé, et que cette condition de rigueur ne saurait exister dans l'espèce; d'où suit la nécessité de repousser sans hésitation et formellement une semblable interprétation; Attendu enfin que la doctrine et la jurisprudence enseignent unanimement que l'attribution de parts dans une disposition testamentaire n'est pas incompatible avec la conjonction et le droit d'accroissement qui en est la conséquence légale. Par ces motifs, déclare François Michelet non recevable, en tout cas mal fondé dans sa demande; en renvoie Marie-Jeanne Michelet, etc. »

Toutes ces décisions qui précédent sont fort claires, et nous les avons transcrites sans commentaire, nous référant au besoin aux explications que nous avons soumises à la Cour sur chacune d'elles dans la plaidoirie. Elles constatent l'intention du testateur, manifestée dans des termes absolus et légaux; et s'appuient sur ces termes mêmes pour en faire découler dans chaque espèce, la vocation à l'universalité, et par conséquent au *jus non decrescendi*. Quelle application M. Auguste Dornier peut-il en faire à sa cause?

RÉSUMÉ.

De tout ce qui précède, il résulte :

1° Qu'en droit romain la disposition : *Titio et Seio æquis partibus lego*, ou bien celle-ci : *Caius et Mœvius æquis portionibus heredes sunto*, ne renfermaient qu'une conjonction *verbis tantùm* ;

2° Que la conjonction *verbis* ne donnait pas le droit d'accroissement ;

3° Qu'un texte de Paul, publié sous l'empire des lois Caducaires, avait fait fléchir ce principe absolu ; mais que tous, ou à peu près tous les jurisconsultes qui commentèrent le droit romain depuis la révocation des lois Caducaires par Justinien, enseignèrent que ce texte de Paul n'avait plus sa raison d'être, et qu'il fallait rentrer dans la règle fixe posée au titre *de heredibus instituendis;* que telle est la doctrine de Cujas ;

4° Que cette doctrine passa dans notre ancien droit français, et y fut généralement adoptée, notamment par Henrys. Bretonnier, Furgole et Pothier ; qu'elle a été consacrée par plusieurs arrêts du Parlement de Paris ;

5° Que Furgole toutefois introduisit une distinction pour le cas où l'attribution de part ne se trouvait insérée qu'en vue de l'exécution du testament, et pour régler le cas éventuel du concours entre les conjoints ; mais que Pothier repoussait cette distinction d'une manière absolue ;

6° Que les rédacteurs du code Napoléon eurent la pensée et la volonté, en édictant les art. 1044 et 1045, de faire cesser toutes les divergences et toutes les controverses auxquelles avaient pu donner naissance soit le texte de Paul, soit la distinction de Furgole , et de poser un principe absolu et sans distinction ;

7° Que telle est la doctrine enseignée par Malleville, Favart, Grenier et M. Proudhon ;

8° Que toutefois cette théorie ne fut pas suivie rigoureusement par la jurisprudence; et qu'un premier arrêt de la Cour de cassation de 1808, en renouvelant la distinction de Furgole, rouvrit la porte aux contro-verses en livrant les dispositions testamentaires à l'interprétation ;

9° Que toutefois, lorsqu'on se pénètre des idées qui semblent se géné-raliser en jurisprudence sur la question , on y voit dominer cette règle , à savoir :

a) Le legs universel investit le légataire d'une vocation à l'universa-lité de la succession du testateur, *in solidum*. Si ce légataire est seul institué, cela est hors de doute ; et s'il y a plusieurs légataires uni-versels institués dans le même testament, c'est encore la même chose : chacun d'eux a individuellement une vocation au tout. Et cela est encore vrai , soit que tous ces légataires soient institués dans la même dispo-sition . soit qu'ils soient institués par des dispositions distinctes.

b) Par suite, si l'un de ces légataires universels prédécède au testateur. la vocation à l'universalité qui reposait en lui disparait , devient ca-duque; mais cette caducité ne saurait affaiblir ni altérer la vocation à l'universalité qui appartenait à chacun des autres , et qui continue à leur appartenir individuellement. Si donc le prédécès de ce légataire leur profite, ce n'est pas en vertu du droit d'accroissement, mais plutôt en raison d'un droit de non–décroissement. Tel est le caractère du legs universel dans la loi française.

10°) De là la jurisprudence a tiré cette autre règle :

Si un testateur institue en termes *formels,* avec l'expression *sacramentelle* et *légale* plusieurs *légataires* UNIVERSELS, en leur donnant cette qualité, ce testateur manifeste par là, d'une manière formelle, précise, absolue, la volonté que chacun de ceux qu'il institue ait une vocation à son universalité, et que par suite, si l'un d'eux lui prédécède, chacun des autres conserve intégral le droit qu'il lui a individuellement conféré à son universalité. Dans une telle situation, si ce testateur vient, dans une disposition quelconque de son testament, soit dans la phrase se référant à l'institution principale, soit dans une proposition accessoire, à indiquer des parts entre ses légataires *universels,* il ne peut être supposé l'avoir fait que dans la prévision d'un concours ultérieur entr'eux, après son décès. On ne peut *raisonnablement* admettre dès lors qu'en indiquant ces parts, il ait voulu dénaturer immédiatement l'institution *universelle* qu'il venait de faire, et transformer en simples légataires *à titre universel,* apportionnés *ab initio,* ceux qu'il appelle et qualifie ses légataires *universels.*

11°) Mais ce serait faire un étrange abus de cette théorie que de l'appliquer à des espèces comme la nôtre : dans lesquelles touten disposant de la *totalité* de ses biens en faveur de plusieurs par une seule disposition. et sans donner à ses légataires aucune qualification légale, le testateur ajoute dans la même disposition des expressions comme celles-ci : *par portions égales,* par tiers, par moitié : parce qu'en instituant dans cette forme, le testateur dispose bien de la totalité de ses biens entre plusieurs, mais il ne confère à ses légataires, ni dans les termes qu'il emploie, ni dans la conjonction par laquelle il les unit, une vocation à l'universalité. Il ne fait que des légataires de quotité, une institution *à titre universel*. Et dès lors, s'il veut qu'il y ait accroissement entre ces légataires, il faut qu'il le dise expressément.

Nous ne reviendrons pas sur ce que nous avons dit en matière d'interprétation de testament, de recherche de la volonté du testateur. Les principes ne sauraient être contestés. Nous nous en référons à cet égard à ce qui est enseigné par M. Dalloz, en son Répertoire général, verbo *Dispositions entre vifs et test.* n° 3493 et suiv.

Par ces considérations :

Les intimés concluent à ce qu'il plaise à la Cour

Rejeter la requête d'appel, confirmer la sentence des premiers juges, dire qu'elle ira avant et sortira effet pour le tout,
Condamner l'appelant aux dépens et à l'amende,
Sous toutes réserves.

OUDET, avocat,

GIROD, avoué.

www.ingramcontent.com/pod-product-compliance
Lightning Source LLC
LaVergne TN
LVHW010333030726
842520LV00004B/1429